A. X***

INSTITUTEUR

—

de **Longwy**
au Camp de **X...**

—

SOUVENIRS

DE

GUERRE ET DE CAPTIVITÉ

31 Juillet 1914
24 Juillet 1915

—

IMPRIMERIE LORRAINE
RIGOT & Cⁱᵉ
51-53, RUE SAINT-GEORGES
NANCY — 1916

A. X***

INSTITUTEUR

de Longwy au Camp de X...

SOUVENIRS

DE

GUERRE ET DE CAPTIVITÉ

31 Juillet 1914

24 Juillet 1915

IMPRIMERIE LORRAINE
RIGOT & Cie
51-53 RUE SAINT-GEORGES
NANCY — 1916

Vue prise de la Manutention

Centre de la Place (carte allemande)

NOTE DES ÉDITEURS

Alors que, dans le sublime élan d'enthousiasme qui assurait le succès de notre mobilisation, toutes les pensées françaises se portaient — anxieuses — vers l'Est, l'ennemi sournois souillait déjà notre sol au voisinage de notre citadelle-frontière dont il devait vaincre l'opiniâtre résistance après quelques jours d'une lutte où l'héroïsme des nôtres inscrivait la première page glorieuse de l'Epopée.

Ces premières phases du drame, ces premiers frémissements d'un peuple prêt à tous les sacrifices pour la défense de son patrimoine et de sa liberté ; ces premiers contacts d'hommes inégalement armés ; ces premiers sifflements d'obus apportant la mort ; ces premiers cris de blessés ; ces premières douleurs de cœurs français, tout cela, l'auteur de l'ouvrage que nous présentons aujourd'hui le dépeint en un style exempt de toute prétention, mais avec la sincérité du témoin **qui a vu,** *qui a enduré les premières souffrances, versé les premières larmes, connu — parmi les premiers — les horreurs de la captivité.*

*Ces pages émouvantes, qui ont valu à M. A. X*** les élogieuses félicitations de hautes personnalités universitaires et politiques, n'ont été confiées à l'imprimeur que sur les instances des nombreux amis de leur auteur dont la modestie fut seulement vaincue par la promesse que le profit qu'il en pourrait retirer serait entièrement consacré à l'Ecole des Mutilés de la Guerre, œuvre éminemment patriotique à laquelle, depuis son retour en France, M. A. X*** apporte toute son activité, tout son dévouement, toute son âme de Français qui a souffert.*

RIGOT et Cie.

Nancy, 25 mai 1916.

A LA GLOIRE DE LONGWY

Longwy ! Petite citadelle avancée ! la France t'a-t-elle oubliée ?

Que les lignes suivantes, qui ne retracent qu'une petite partie de ton histoire, viennent rappeler que tu es tombée en brave.

Guillaume II, le 21 août 1914, visita tes cendres ; rentrant à Luxembourg, il reprocha en termes si amers au général allemand commandant le siège, sa longueur devant la ténacité du colonel Darche, que l'accusé se suicida ! *(Journaux allemands, 30 août 1914)*. Le malheureux, avant de mourir, alléguait : « Longwy, Majesté, c'était un nid d'aigles ! » — « Un nid d'aigles ! c'était un nid de corbeaux ! » répartit le kaiser.

Soit ! Le bataillon du ..ᵉ territorial, et celui du ...ᵉ, ces enfants de la Crusne et de la Chiers, acceptent l'épithète. Quand, le 21 août, ils quittèrent la frêle forteresse anéantie, ils étaient noirs comme des corbeaux, noirs de poudre, de fumée, de poussières pétries dans la sueur, de sang séché. Ils ont marqué leur place glorieuse dans les premiers mois de la Grande Guerre.

Ils seront dignes de figurer immédiatement après ces Titans qui luttent devant Verdun.

Un « Rescapé ».

SOUVENIRS DE GUERRE ET DE CAPTIVITÉ

INTRODUCTION

Dans la grande tragédie mondiale, si cruelle, si anti-humaine, n'est-ce pas perdre son temps que de parler ou d'écrire, quand il semble que tout doit être aux actes ? N'est-ce pas le commandement sec et bref, qui doit seulement retentir au milieu des cliquetis et des tonnerres ?

Peut-être !

Après avoir vécu les moments suprêmes de l'agonie et les nuits d'angoisse de l' «exil impie», je respire enfin l'air de la liberté; je crois être sur le radeau du naufragé, voguant vers les miens restés encore là-bas, sur l'autre rive.

Dans le recueillement d'une vie nouvelle, que je n'espérais plus, je vais rassembler rapidement ce passé d'un an. Le cauchemar n'est certes pas fini; examinons la dure étape franchie, cela nous donnera le courage de parcourir la dernière qui doit être glorieuse. Ce ne sera pas perdre son temps, ce sera se retremper pour l'avenir, pour le travail de demain.

En avant donc à la besogne, le canon du Bois-le-Prêtre ponctuera !

CHAPITRE PREMIER

C'est la Guerre !...

§ 1. — Les Préliminaires.

C'est le 31 juillet 1914, à V..., où la frontière dessine un angle aigu rentrant jusqu'au centre du village. Il est 7 heures et demie du matin. J'apprends que la route allemande a été barrée pendant la nuit; mes élèves discutent avec animation : des cavaliers allemands ont été vus à différents points; comme un essaim de guêpes, ils pullulent dans nos bois. De ma cour de classe, j'aperçois là-haut, dans le bois de Butte, la silhouette d'un uhlan.

Je vois s'avancer vers moi les deux adjoints municipaux : Georges et Hapchette, attristés; ils viennent m'annoncer la démission du maire, dont ils sont informés par l'Administration préfectorale. Nous nous rendons compte des conséquences de cette décision déplorable.

Nous décidons de faire une tentative suprême et énergique auprès du maire. Nous le savons indisposé depuis quelques jours. Mais nous n'admettons pas que, vu la gravité du moment, on puisse quitter le titre. MM. les

Adjoints municipaux vont le trouver, lui disent de prendre un congé de santé, lui proposent de leur déléguer les fonctions. M. Perruchot, malade, reste inébranlable.

Nous cachons cette décision des plus regrettables, mais, à 11 heures, à la signature du courrier, à l'heure où le maire reçoit à la mairie, les adjoints municipaux sont dans l'obligation de faire connaître la situation au bureau de la mairie et au commissaire de police.

Un frémissement angoissé se lit sur tous les visages.

C'est le vendredi d'ouvroir des Dames de la Croix-Rouge (comité que nous avions créé depuis quelques mois). Je me rends à l'ouvroir, Mme B..... étant le secrétaire de l'œuvre. La salle est trop petite pour contenir les ouvrières. Dames et demoiselles travaillent avec une ardeur que je n'avais jamais vue. — « Si cette chemise de blessé était pour mon mari ! » dit une jeune dame.

A 5 heures du soir, je vois les employés des chemins de fer de l'Est accourir à leurs domiciles pour faire un paquet de voyage; l'ordre est d'évacuer la gare, le dernier train doit partir à 6 heures. Je monte faire mes adieux au chef de gare. Il est affairé et a mille choses à voir avant de tout abandonner.

Les six machines accouplées et trépidantes ont rassemblé en un immense train les dernières voitures de voyageurs et de marchandises en gare. Des employés accourent en sueur, chargés de tout ce qu'ils ont pu emporter. Des femmes et des enfants viennent embrasser les partants. Les bureaux sont grand ouverts, les cartons vides. On va donner le dernier coup de téléphone et enlever l'appareil. On entend les hommes d'équipe qui, là-bas, brisent des

LONGWY-HAUT

aiguilles et font dérailler de lourds wagons chargés de minerais. On crie, on appelle. Les monstres d'acier sifflent désespérément le départ qui ne se fait pas. On attend toujours quelqu'un.

Enfin, le chef de gare donne le signal suprême. Le convoi gigantesque s'ébranle. Les sifflets stridents des plus puissantes machines de l'Est retentissent, pour longtemps peut-être, dans la vallée de l'Alzette. Comme un serpent à six têtes, le convoi s'époumone en grimpant la forte rampe.

La population, stupéfaite, assiste à ce spectacle. Les ouvriers sortant des usines s'arrêtent, hébétés. Ils quittent le travail, surpris. Le caissier vient de leur remettre la paye de leur quinzaine à peine terminée, et ceci, en avance de dix jours sur les usages habituels.

Bientôt, la démission du maire se répand. On ne peut y croire. Le maire jouissait de toute la sympathie de la population. Les partis locaux avaient fait l'union sur son nom. Il était nommé aux élections municipales dernières avec les neuf dixièmes des suffrages exprimés. On n'admet pas son état de santé; sa démission est jugée sévèrement. Le mot de trahison est prononcé et va de café en café exciter les rudes travailleurs anxieux.

Je rentre à la mairie; j'y rencontre le secrétaire de la Société de tir. J'avais la garde des fusils et munitions de cette Société, ainsi que de ceux et celles de la Préparation militaire de mes anciens élèves. La Société métallurgique met à notre disposition un cheval et une voiture; toutes les armes et cartouches sont chargées, et, à la tombée de la nuit, elles sont conduites au commandant de la place de Longwy.

§ 2. — L'Ordre d'appel.

Je fais quelques emplettes et me prépare pour le cas où mon ordre d'appel viendrait. Je fais partie de la classe 1887. Sera-t-elle appelée de suite ? Il est 8 heures, la nuit vient lentement. Quelle est cette rumeur ? Des cris, des chants, des vociférations emplissent la rue.

J'ouvre ma fenêtre, mes cours de classe, la rue est noire de monde ; hommes, femmes, enfants, une véritable vague humaine s'écrase aux murs de la mairie, la porte est ébranlée : « Ouvrez ! crie-t-on, ou nous mettons le feu ! »

Je descends, j'ouvre la porte au large. J'allume le bec de gaz du couloir et je me mets en pleine lumière. J'ai la voix assez puissante, je parviens à imposer silence. J'obtiens les précisions suivantes :

« Des soldats cyclistes viennent d'apporter des ordres d'appel ; l'on commence à les distribuer de suite ; le maire a donné sa démission. La présence de nombreux étrangers est inquiétante pour nos familles. Il n'y a pas de police. Nous n'abandonnerons pas les nôtres ainsi, nous ne partirons pas. Nous allons faire partir les étrangers et démolir tout soldat allemand qui arrivera au poteau-frontière. »

Avec mille peines, j'arrive à calmer les forcenés ; je leur fis comprendre que s'ils voulaient voir V.... brûler cette nuit même et leurs familles détruites, ils n'avaient qu'à mettre leurs projets à exécution ; qu'il y avait mieux à faire.

Je les assurai que dans la journée les adjoints municipaux avaient déjà préparé une liste de gardiens civils, n'allant pas à la guerre, et je leur dis que, dans la foule, je voyais beaucoup de vieux braves prêts à garder les familles abandonnées. Je proposai d'entrer dans la salle de la mairie, où les gens dévoués se feraient inscrire. Je priai les gens de bonne volonté de me suivre, ainsi que les citoyens appelés sous les drapeaux.

La discussion recommença de nouveau dans la salle. Enfin, un adjoint municipal, M. Hapchette, arriva; il avait été, jusqu'à 10 heures, retenu au téléphone, et M. Georges venait de recevoir son ordre de se mettre garde-frontière. Il avait endossé son uniforme, pris des armes et faisait les cent pas devant le poteau.

Nous dressâmes vite une liste de cent citoyens connus pour leur courage et leur honnêteté. Ils se répartirent de suite en sections, et le premier poste prit son service de suite.

Après de longues et hurlantes répliques, je fais comprendre l'immense danger de toucher aux sentinelles allemandes; je supplie d'apporter les armes à la mairie, et j'amène à accepter dans les rangs de la police volontaire les Italiens avantageusement connus. Je demande à tous de faire leur devoir. L'angoisse est calmée et, au chant de la *Marseillaise*, la foule s'égrène dans les rues.

Il est minuit; des amis viennent me serrer la main. Ils partent, ils ont reçu leur ordre d'appel. J'attends. Ne voyant rien venir, je vais me coucher. Je suis harassé.

Je n'étais pas endormi, le facteur frappe. C'est l'ordre « immédiatement et sans délai ». Je m'habille pour une course de nuit. J'écourte mes adieux à ma chère femme, je fais quelques recommandations; il ne faut pas s'amollir et, pour ce, faire vite. A deux heures, je chemine hors de V.... Je fais partie des derniers groupes qui quittent la commune; je m'informe: personne ne reste en arrière. Les femmes, atterrées, les enfants mi-habillés envoient des baisers à leurs maris, à leurs pères.

Nous cheminons par les sentiers et les bois de Thil, Hussigny, la Sauvage, Saulnes. Nous craignons les patrouilles allemandes qu'on nous signale sur le flanc opposé. Le jour point lorsque je passe à Hussigny. Je salue en passant mon collègue Caufment, qui allait vivre des jours tragiques.

Dans le superbe vallon de la Sauvage, je suis seul, les camarades vont plus vite que moi. Très fatigué, je m'assieds un instant sur un tronc d'arbre.

La belle matinée ! Quel beau lever de soleil ! Les oiseaux chantent, la nature est triomphante. Est-il possible que des millions d'hommes vont s'égorger !

Depuis trente ans, j'apprends à mes élèves les devoirs envers la Patrie, il faut joindre l'exemple à la parole. Voici un groupe de cyclistes; je reconnais les galons du chef de la Préparation militaire de l'école. (Brave maréchal des logis Dufour, il allait chercher une mort héroïque près de son canon, sur un bastion de Longwy.) — « En avant, les enfants ! Cette fois, on y va ! ». On se serre les mains, ils remontent sur leurs machines et s'éloignent en chantant. Chers enfants, il me semble que c'était hier que je les conduisais aux examens du Certificat d'études primaires. Ils dévalent là-bas vers Saulnes. Les reverrai-je ?

J'arrive au quartier Saint-Louis (Longwy-Bas) à 5 heures du matin. Mon collègue Crunel est devant la porte de sa classe, il m'aperçoit; il est stupéfait de me voir mobilisé. J'accepte de grand cœur un café bien chaud que me prépare sa douce femme. Je suis réconforté. Cher Crunel, je ne devais plus le revoir; il dort son dernier sommeil à Nantes.

J'entre dans Longwy-Bas, où une grande animation règne. De toutes parts arrivent des hommes de toutes classes. Des trains sont en partance, emmenant des familles entières, ou des soldats, ou des mobilisés vers l'intérieur.

Le tramway fonctionnant encore me conduit à Longwy-Haut. Des groupes d'hommes couvrent la place. Je me rends à la caserne indiquée par mon ordre. Un fourrier pointe mon nom figurant sur un état. J'entre aussitôt au magasin d'habillement; à 9 heures. j'étais habillé. équipé, armé. Je suis soldat. On me désigne ma chambrée, je cherche un lit, j'installe mon « fourbi » un peu gauchement.

Toute la journée du 1ᵉʳ août arrivent les mobilisés; beaucoup ont fait de longues traites et sont las. Le soir, le bataillon du 45ᵉ territorial était à peu près formé : tout le monde est arrivé, sauf ceux qui habitent l'Etranger; l'effectif de chacune des quatre compagnies dépasse 300. Le soir, nous apprenons que la mobilisation est générale. On commente le Manifeste de M. Poincaré : « La mobilisation n'est pas la guerre. »

§ 3. — **La population civile de la Place forte est évacuée. Le canon tonne.**

Le dimanche 2 août, nous apercevons nos officiers qui viennent prendre leur service. Je fais partie de la première section de la 19ᵉ compagnie. On rassemble, on forme les escouades et les services. On me donne le brassard d'infirmier. Je ne supposais jamais à ce moment ce que je devrais à ce brassard.

Le tambour annonce que les habitants civils doivent, avant midi, quitter leur logement ou seront expulsés de vive force. Le canon tonne.

Je rencontre dans la cour de la caserne les jeunes gens de V..., de la classe 1914, et mes anciens élèves de la Préparation militaire; ils me disent que les Allemands sont massés près de V..... Ils viennent à la place pour demander qu'on les enrôle de suite. Je les accompagne, leur dévouement est très mal reçu. Ils sortent de Longwy, navrés; quelques-uns, plus courageux, allèrent encore à Montmédy à pied. Ils furent éconduits. Ils rentrèrent à V...., où longtemps ils furent aux mains des envahisseurs.

Le lundi 3 août, le docteur Lemaire, de Monthermé, aide-major au 45e territorial, organise le poste de secours du bataillon. Il me confie les caisses médicales. Je deviens son secrétaire.

La visite commence et devant nous défilent beaucoup d'hommes de 35 à 48 ans, dont l'état de santé n'est pas brillant. Le docteur élimine ceux qui seraient un encombrement sans utilité pour le bataillon et les fait évacuer de la place.

La plupart de mes après-midi, étant libre, je gagnais les bastions où, à la lunette des batteries, j'examinais les environs. On abat les arbres qui bordent la ville, on rase les fruitiers et les haies. On emplit des sacs de terre que l'on dispose en créneaux sur les crêtes des abris de tireurs. Des patrouilles à bicyclette partent souvent de la place et rayonnent aux environs. Le bataillon d'active du 164e est répandu en petits postes qui encerclent la ville, à 4 ou 5 kilomètres des remparts.

Le mardi 4 août, un uhlan est fait prisonnier près de Villers-la-Montagne. Nous voyons de grosses fumées à l'horizon : c'est une partie du village de Morfontaine qui brûle.

Chaque jour, nos patrouilles rentrent avec quelques trophées : armes de uhlan, chevaux, manteaux, etc.

Le 8 août, le bastion 6 tire 21 coups de canon près de Morfontaine (près de 11 kilomètres à vol d'oiseau). Le lendemain nous apprenons que les obus ont bien porté sur le chemin visé, mais cinq minutes après que le dernier cavalier allemand était passé.

§ 4. — Les premiers enthousiasmes.
Déjà l'ennemi demande la reddition de la Place.
Premières escarmouches.

Le 9, on nous annonce la prise de Mulhouse, la résistance de Liége, la déclaration de guerre de l'Angleterre. C'est du délire. Le 10, vers quatre heures du soir, sur le bastion 6, j'examinais à la lunette la route de Longuyon. Je vois un grand fanion blanc flottant sur une auto qui s'avance en vitesse vers la place. Un lieutenant français est sur le marchepied. Une autre voiture suit. Nous nous précipitons à la porte de France. Nous entendons le chef de poste, le sergent Despinettes, crier : « On n'entrera pas sans bander les yeux »; il refuse d'obéir au lieutenant. Le sergent obtient satisfaction et les autos entrent dans la place. C'est un colonel allemand accompagné d'officiers et d'otages de Longuyon, dont le curé. Ils viennent sommer la place de se rendre. Démarche sans résultat.

Le 11, nous entendons une violente canonnade. On nous dit que c'est vers Mangiennes ou Pilon. Le soir, le sergent Richard, cycliste, chef de patrouilles de la place, ramène des prisonniers.

Le 12, nous voyons de grandes fumées s'élever à l'horizon; c'est Bazailles qui brûle.

Le 13, le canon lance 60 obus dans la plaine de Villers-la-Montagne. Le sergent Richard rentre avec des manteaux et des lances boches; les propriétaires sont laissés sur le terrain. Le 13 aussi, nous voyons les incendies de Villers-la-Montagne et Hussigny. Des femmes viennent sous les remparts crier les nouvelles les plus atroces à leurs maris. On nous dit que l'instituteur Caufment est arrêté, sa maison incendiée, et qu'on a dû l'emmener pour le fusiller. Le soir, un peloton de hussards français vient bivouaquer à Longwy.

Le 15, le 16, sortie de la garnison. A Chenières, une compagnie est surprise; elle perd quatre hommes, mais les Allemands sont repoussés, laissant beaucoup de morts et blessés. On ramène de jolis chevaux d'officiers allemands.

L'investissement de la place se resserre. Le canon tonne chaque jour le 17, le 18, le 19. Ce soir du 19, nous voyons des masses compactes du côté du Luxembourg et des trains blindés. On sent le drame qui s'approche.

Le 20, à deux heures du matin, alerte. La moitié de chaque compagnie a passé la nuit aux remparts et les petits postes signalent l'arrivée de colonnes par Mont-Saint-Martin. Nous sommes devant notre poste de secours,

Hors des fortifications. — Tombes de soldats français

Le Cimetière

le jour point. Tout à coup, des bruits de vols de frelons, suivis de coups mats : du crépi tombe à nos pieds. Ce sont les premières balles. Soudain, un fort sifflement suivi d'une formidable explosion : un obus vient de tomber à 30 mètres de nous, sur l'angle des cuisines.

§ 5. — Le bombardement est commencé.
Visions d'épouvante.

Selon l'ordre donné, nous nous hâtons de mettre notre matériel médical à l'abri et le portons au souterrain 18, où doivent s'abriter tour à tour les repos du 45ᵉ territorial. Une section de la 19ᵉ compagnie nous suit pour s'y abriter avec le capitaine Deschanges. A la porte de France, la situation est intenable : les obus tombent en rafales, creusant des baies effrayantes. Un roulement de tonnerre ininterrompu éclate en fracas sur tous les points de la ville, se mêlant au ronflement de nos canons.

On crie : « Aux blessés, lunette 35 ». Je ne vois pas de brancardiers. N'ayant pas de blessés près de nous, ni de docteurs, nous prenons des brancards et allons chercher les blessés. Nous ignorons les dédales des couloirs et nous arrivons, rasant les murs, sous une musique épouvantable, où les blessés nous sont indiqués.

Nous chargeons un pauvre gaillard de petite taille qui a le bras et la jambe droite fracassés ; en le saisissant, les vêtements imbibés de sang mouillent mes mains. C'est la première fois que je trempe mes mains dans une telle quantité de sang humain. Je n'ai pas le temps de rester à mes impressions, les obus claquent, nos canons tonnent au-dessus de nos têtes, nous rentrons dans la ville et passons près de la porte de Bourgogne, au moment où le commandant Dromzée, du 45ᵉ, et le capitaine de gendarmerie Desprez sont frappés à mort par un boulet qui éclate sous cette porte.

Après un quart d'heure de recherches, nous trouvons l'hôpital de siège, où les docteurs ont déjà de la besogne. M. Lemaire, du 45ᵉ territorial, est depuis longtemps occupé et a fait des amputations. Ce médecin-major, pendant six jours, se distinguera par son courage et son sang-froid. Sous les pluies d'obus, il exercera sa profession avec un calme, une bonne humeur qui remontent ceux qui l'entourent.

Notre chef nous ordonne de ne pas installer le poste de secours du 45ᵉ à la poterne 18 et de rapporter près de lui tout le matériel médical. Nous obéissons, mais nous fûmes de longues heures pour extraire du labyrinthe des couloirs encombrés nos caisses médicales et nos sacs.

Quand nous entrons dans le couloir qui fait cour à l'hôpital de siège, quel spectacle !

Ce couloir, long d'une cinquantaine de mètres, large de quatre, dessert d'un côté les quatre salles souterraines de l'hôpital de siège et deux ou trois autres casemates servant de chambrées à une compagnie d'infanterie. De l'autre côté, face à ces chambres, sont de petites salles, sortes de cellules: pharmacie, lingerie, salle d'opérations, cuisines, etc. Le jour est donné par de vastes baies ménagées dans le plafond, dont la maçonnerie de 4 à 5 mètres d'épaisseur est recouverte d'une même couche de terre.

Le couloir, à ce moment (20 août 1914), midi, est empli de blessés étendus sur des brancards : le sang coule à flots;

les infirmiers et médecins ne peuvent circuler qu'en enjambant les patients. On coupe les capotes, courroies, vêtements qui cachent les blessures les plus bizarres et les plus atroces. L'un est scalpé; le regard fixe, il demande à boire d'une voix faible; là, un artilleur, le mollet emporté, prend sa jambe dans ses mains : le sang coule et emplit son soulier, la plaie a la largeur des deux mains. Un gros fantassin a les fesses emportées; il souffre cruellement et baigne littéralement dans le sang. Un autre a les jambes broyées, elles sont confondues dans les pantalons déchiquetés. Un autre, dépouillé de ses vêtements, le torse nu, montre dans le dos une toute petite tache rouge, il est appuyé sur son coude, il crache le sang.

Toutes les plaies, sur toutes les parties du corps, sont étalées dans ce couloir sinistre, et les brancardiers apportent toujours pendant le tonnerre ininterrompu.

C'est le major Lemaire qui fait les opérations, il est magnifique. Les obus éclatent au-dessus de sa tête, des déplacements de terre et de moellons tombent des lucarnes; on enlève en hâte les malheureux qui sont menacés d'être ensevelis. Le déplacement d'air éteint à chaque instant la flamme de la lampe à acétylène qui l'éclaire dans son travail. Pendant qu'il ampute le bras du capitaine Meyer, de la 20° compagnie, les éclatements d'obus éteignent six fois les lumières; il saisit rapidement les artères et attend que l'atmosphère irrespirable permettent de rallumer. Pendant six jours et cinq nuits, il sera vaillant à la besogne et prendra encore le temps de parcourir les salles où s'entassent les blessés.

L'hôpital comportait environ 100 lits de blessés, qui furent bientôt occupés dès le premier jour.

Le 20 au soir, le docteur Lemaire m'ordonna d'organiser une chambre supplémentaire dans une casemate voisine de l'hôpital. A mesure que je préparais une paillasse et une couverture, la place était aussitôt prise. Le 22, ma salle de 56 lits avait 85 blessés. Ces salles, sortes de caves souterraines, sont éclairées au moyen de bougies, de lanternes et de petites lampes à pétrole.

Notre nourriture fut réduite au strict nécessaire pour ne pas mourir de faim; quelques hommes courageux nous apportent des provisions de l'Intendance et nous pouvons faire deux repas par jour; le pain cependant manqua. Nous avons eu un peu de viande de conserve et de purée de pois.

(Ici, plusieurs alinéas ont été supprimés par la Censure).

. . . .

Le martyre, sans repos, dure depuis plus de 120 heures. Hébétés, sans force, nous ne tenons plus debout; les blessés geignent sous la cuisson de leurs plaies....

Puis, soudain, l'orage se calme : un silence de mort fait suite au tapage infernal des explosions. Le silence même nous tire de notre léthargie. On entr'ouvre les portes. Par les prises d'air, on aperçoit un beau ciel bleu d'un midi d'avril.

CHAPITRE II

La Mort d'une Place forte

§ 1. — Les voilà !...

Je porte dehors mon ami Fichant, qui, le pied écrasé, souffre le martyre; je l'étends sur un tas de terre, je vais desserrer son pansement. Le malheureux perd connaissance, sa tête roule sur le gazon, la plaie de son pied m'apparaît toute noire et puante; je cherche à le ranimer avec l'éther et l'eau. Il ouvre les yeux; à ce moment, on crie : « Les voilà ! »

Je lève la tête et, en haut du tas sur lequel s'appuie mon moribond, debout, fier, un Allemand de haute taille, le casque bien droit, regarde notre enfer éteint. C'est le major allemand qui vient prendre possession de nos blessés. Les brancardiers ennemis arrivent; ils me prennent mon ami, qui a de nouveau perdu connaissance. — « La ville est rendue ! » nous crie-t-on. Dans notre tombe, nous ignorions tout.

Le major Lemaire, entouré des autres docteurs, est atterré; sanglé dans son tablier blanc, rougi, plus rouge que blanc, il sort de sa case de boucherie : il est livide.

Nous jetons un regard sur ce que fut la ville de Longwy : ce n'est plus qu'un amas de pierres, des pans de murs indiquent les emplacements des maisons. La tour carrée du clocher est debout par un miracle d'équilibre. On croirait une de ces colonnes de dominos que font les enfants en formant par places de larges baies de dominos manquants. Le petit drapeau français flotte cependant sur le seul angle du carré qui reste de la plate-forme supérieure.

Un tas de cadavres calcinés est près de l'entrée d'un souterrain. Là-bas, sur la place percée de fondrières, les soldats du génie se rassemblent. Les blessés sont évacués par une poterne ; nous passons par les fossés où les obus non éclatés gisent le long des remparts. Ce sont des morceaux de 22 centimètres de diamètre et d'environ 80 centimètres de longueur.

§ 2. — ILS triomphent... et nous emmènent.

Nous sortons des fossés avec nos blessés et arrivons sur les glacis au nord de la ville. Le plateau est noir de vautours qui viennent à la curée. Les cavaliers se réunissent en hurlant. Les canons de campagne s'alignent en faisant trembler le sol, des chevaux énormes galopent sur la terre séchée, des masses d'infanterie donnent au plateau l'illusion d'un immense dos de hérisson dont les piquants seraient les pointes de milliers de casques.

Là-bas, sur les routes, drapeaux flottants, se distinguent en plusieurs points des fanfares endiablées. Les vainqueurs s'avancent vers les remparts démolis, dans des airs de triomphe, des hurras frénétiques. Les grosses caisses

semblent marquer la cadence des coups de marteau de
forgeron qui sont entrés dans nos poitrines. Nous sommes
là au milieu des blessés pouvant marcher, parqués comme
un troupeau qui vient d'être traqué, étourdi d'avoir
échappé aux scories du volcan; nos bergers ont des baïonnettes pour houlettes; quelques cavaliers tournent autour
de notre groupe, comme le chien vigilant, pour nous resser-
rer davantage.

Des hymnes teutons lents et troublants retentissent, des
lambeaux de fanfares en délire nous déchirent l'âme.
Les chevaux d'Attila gravissent les ruines qui ensevelissent
nos martyrs. Le soir descend; le ciel, si beau tout à
l'heure, est gris sombre. Oh ! partons donc ! assez de souffrances !

Enfin, on nous groupe par quatre, et aidant ceux qui
souffrent, un artilleur appuyé à mon bras, nous entrons
dans le bois d'Hallanzy, à mille mètres des remparts. Une
odeur cadavérique nous saisit à la gorge. Elle augmente,
cette puanteur, à mesure que nous nous enfonçons sous
bois. Nous suivons la promenade favorite des Longovi-
ciens. Des tas de sacs de costumes militaires sont rassem-
blés de place en place; de longs tertres de un mètre de
hauteur indiquent les fossés où reposent les assaillants.
Des échelles des fermes voisines sont appliquées contre les
grands chênes, dont elles atteignent les premières bran-
ches; dans les chemins, des autos rapides, une longue
aiguille de côté, comme celle de nos moissonneuses, relè-
vent en vitesse les fils téléphoniques.

Nous sortons enfin du bois et, passant devant les tentes-
ambulances de nos ennemis, nous voyons debout, à
l'entrée, le capitaine Meyer, de la 20ᵉ, un bras en moins.

Les autos-ambulances y ont déjà transporté nos grands blessés.

Nous suivons enfin, loin du bruit et du fracas, le chemin herbeux de la lisière : quel calme ! Un temps lourd et gris ; nous foulons en silence une herbe épaisse. Pas un mot. Devant nous, un capitaine allemand, raide sur son grand cheval, conduit le troupeau ; nos cœurs se détendent, un besoin de pleurer secoue nos poitrines. J'étais dans un semblable état d'âme lorsque j'accompagnais à sa dernière demeure les restes de la plus aimée des mères.

Longwy n'est plus ! La sentinelle avancée de la France est tuée !

LONGWY-HAUT (Tivoli)

Route de Mont-Saint-Martin

Dans les ruines...

CHAPITRE III

Sur le Chemin de la Captivité

§ 1 — Réconfort d'opprimés.

Nous dévalons les pentes belges, nous dominons le village d'Hallanzy. Sur la pente ouest et dans le fond du village nous voyons les deux batteries allemandes qui nous ont lancé l'ouragan d'acier.

Les rues sont pleines de régiments au repos; des hurras outrageants nous accueillent. Des familles belges cachées dans leur demeure, derrière la vitre brisée par les détonations, soulèvent les rideaux des fenêtres, et, les larmes aux yeux, nous regardent défiler. On nous amène à l'extrémité du pays où, dans un patronage religieux, sur une mince couche de paille, nous allons passer la nuit.

On nous compte avant d'entrer; un sous-officier allemand, gros et barbu, parlant assez correctement le français, nous annonce les nouvelles les plus foudroyantes de notre pays, de nos armées, de Paris. Nous entrons, heureux de nous cacher dans notre halle. La nuit est venue, nous ne pouvons dormir, nous avons faim et soif. La porte s'ouvre timidement, une femme parlemente avec nos gardiens; l'entente a l'air de se faire. Deux femmes entrent, portant une grande bassine de café chaud : une bougie éclaire la scène, et, l'un après l'autre, nous recevons silencieusement notre bol de liquide : communion silencieuse et solennelle !

La nuit, mon voisin est malade, il demande de l'air. Je suis autorisé à l'accompagner dehors; deux sentinelles, baïonnette au canon, nous encadrent. L'air frais de la nuit le remet. Une pluie fine nous rafraîchit. Des chants lointains d'hommes ivres nous arrivent. Nous rentrons. Le malaise est passé; nous achevons notre nuit sur le plancher.

Le lendemain, de braves femmes belges nous apportent encore du café au lait chaud, mais on ne trouve pas de pain, et l'estomac qui jeûne depuis six jours crie famine. Vers dix heures, les médecins français, avec nos paquets de pansements, allaient soulager les blessés souffrant par trop.

Le major allemand nous dit que le service de santé n'était pas prisonnier et allait être renvoyé dans nos lignes. Mais des ordres arrivent, on nous réunit, on va nous emmener à pied. Où ? On offre à ceux qui sont trop épuisés de monter sur des voitures à échelles. Je n'ai guère de force si le chemin est long. Je demande du pain à une brave femme, je lui tends une pièce blanche : « Si j'avais du pain, dit-elle, je vous en donnerais, et pas pour de l'argent. » Un enfant de 9 ans environ a entendu, il a une bonne grosse tartine de confiture au tiers mangée, il accourt vers moi et me la tend, je la prends sans hésiter;

je veux lui donner la pièce, mais sa rougeur et son : « Oh !
Monsieur », m'indiquent que je l'ai offensé. Je n'ai pas de
souvenir à lui donner.

En route, on nous presse. Nous cheminons sur la route
grasse de la pluie de la nuit. Le temps est lourd et fatigant.
Nos cerbères nous encadrent. Nous allons toujours, où ?...
A midi, le soleil est écrasant. Nous passons dans un petit
village : des fillettes guettent et nous jettent des provisions.
Une jeune fille de 15 à 16 ans environ s'approche. Elle tire
sous son tablier une plaque de chocolat qu'elle me donne !
Brave jeune fille, quels que soient le moment et le temps
passé, j'irai là-bas; j'ai gravé là tes beaux yeux et ta
figure compatissante, j'irai un jour, pieusement, te remer-
cier comme un croyant s'incline devant une madone : car
je te retrouverai !

Vers 2 heures, nous parvenons dans Nessancy. On nous
fait place. Nous arrivons à la gare et on nous fait monter
dans les wagons à bestiaux, de 44 à 50 par voiture, deux
ou trois infirmiers et deux gardiens. Après des avances
et des reculs, le train démarre enfin. Où allons-nous ?

Le wagon est nu, ni banc, ni planche. Nous sommes
crottés comme des barbets, noirs comme des ramoneurs,
du fait de nos six jours de siège. Nous ne pouvons tous
nous asseoir par terre, la place manque. Nous recevons
l'air par les vantaux supérieurs des wagons.

Nous passons à Luxembourg. On soigne d'abord nos sentinelles : « saucisses et café, halb ». Des femmes, émues,
nous glissent du pain noir que nous nous partageons. Nous
sommes peinés de voir, sur des wagons, quelques canons de
75 ! D'où viennent-ils ?

Nous descendons à Thionville. Toute la garnison est prévenue, les portes des wagons sont tirées, et, comme à la foire, nous sommes les fauves qu'on montre à la foule. Les masses grises nous regardent et trépignent de joie, et ce supplice allait ainsi durer 72 heures exactement; nous allions passer dans les grandes villes, et nos passages coïncidaient avec les départs de troupes.

Nous étions les premiers trophées, et les villes prévenues de notre passage se portaient sur tout le parcours; nuit et jour, comme dans un cauchemar sans fin, les musiques, les hurras, le même air : « *Deutschland Uber Alles* » nous accablaient. Les arrêts-repas avaient lieu trois fois par jour. C'est à Kaiser-Lautern, le 28 au matin, que nos geôliers nous donnèrent le premier aliment : tranche de saucisse noire, pain noir. Plus loin, brouet noir et repoussant, café ou thé.

Entassés, affaiblis, sans notion du temps, stupéfiés, nous gisions entassés l'un sur l'autre, ne sentant pas celui qui, sur nos jambes, ronflait en nous brisant les os.

Le plus terrible des moments de ce voyage fut notre passage à Heilbrom, grande ville du nord du Wurtemberg. Le soir tombait, un beau soir d'une splendide et chaude journée de fin d'août. Nous commencions à avoir de l'air frais dans l'étuve qu'était notre wagon; le train, au pas d'homme, entrait dans une grande ville dont les quais étaient garnis de grappes humaines. Sur les ponts, des enfants des écoles de garçons, conduits par leurs maîtres, entonnaient leurs chants germains; des trains militaires en partance, couverts de branchages et de fleurs, étaient le long des voies. Les wagons portaient, écrits à la craie

en grandes lettres : « Nach Paris ! » La figure enluminée,
les soldats allemands, aux portières, nous faisaient des
gestes non équivoques; les fanfares militaires et civiles,
à chaque coin de rue, se répondaient.

A tout petits pas, nos portes grand ouvertes, on nous
fit défiler; nous entrons dans la gare où une foule immense
pressée aux barrières, comme une mer en furie, hurle et
nous montre du doigt; on nous crie des victoires allemandes; on nous raille ! Les uns discourent, on applaudit.
C'est un peuple en délire devant les captifs anéantis, vain-
cus, bétail humain. C'en est trop, je me cache dans le coin
du wagon, je pleure, je pleure sans pouvoir m'arrêter; je
m'endors, inconscient.

Dans les premières lueurs du matin, par un cahot plus
dur que les autres, je me réveille; ma main gauche me fait
souffrir, elle est toute gonflée et sanglante; j'examine et
je vois que la pointe de boucle du pantalon de mon voisin
est entrée de plusieurs millimètres sur le milieu du dessus
de ma main. Je ne l'ai pas sentie pénétrer.

Et nous allons toujours. C'est Nuremberg, Hof, Plauen,
Chemnitz, Dresde. A Nuremberg, nos officiers nous quittent; on les fait descendre pour une autre destination. Où
allons-nous donc ? Le supplice devient intolérable, les os
sont rompus, on ne peut tenir debout, on ne peut se coucher !

Enfin, le dimanche 30 août 1914, à une heure de l'après-
midi, nous descendions à un gros bourg de 2 à 3.000 habitants, je pense K....

Nous traversons le village au milieu d'une foule qui ne

fut pas hostile, et, après une demi-heure de chemin, nous arrivâmes dans le camp où nous allions vite nous désaltérer, nous tremper les bras et le visage dans l'eau bienfaisante; comme des troupeaux de bestiaux assoiffés, nous nous jetions sur cet élément : l'eau, avec une avidité inimaginable.

CHAPITRE IV

Un Camp de Prisonniers

§ 1. — L'organisation du Camp.

Ce camp de X...... est, paraît-il, le plus grand de la
Saxe et le mieux organisé. Il est, en effet, l'applica-
tion des dernières exigences de l'hygiène pour les réu-
nions passagères de troupes. C'est un camp d'instruction
pour l'artillerie, la cavalerie et l'infanterie. Les locaux
des différents services sont dans une forêt de pins assez
maigres, aménagée et déboisée aux seuls emplacements
des bâtiments, routes et chemins. Une magnifique route,
un boulevard, coupe le camp en deux parties principales
formant axe, d'où partent perpendiculairement, de cent
en cent mètres environ, d'autres routes qui étaient amor-
cées, mais dont nos prisonniers ont complété le réseau.

Le camp, à peu près carré, mesure neuf à dix kilomètres de côté. Les habitations et la partie boisée occupent
l'angle nord-est. Les bâtiments nombreux, pour les services
du camp, sont : la Kommandantur, les bureaux divers, le
corps de garde, la poste, les cantines, la salle des fêtes,

les casinos d'officiers, sous-officiers, les logements d'employés du camp, les bains, l'arsenal et l'atelier où se trouvent réunis tous les chantiers pour le travail du bois, du fer, du cuir et jusque l'imprimerie; et, enfin, une sorte d'usine, avec cheminée de 50 mètres de hauteur, distribuant l'énergie électrique (éclairage dans le camp) et chauffant les étuves à désinfection et les lavages en masse.

Les logements des hommes comprennent, je crois, 40 baraques et 15 écuries ou « stall ». Chaque baraque peut loger environ 100 hommes et chaque stalle 150 chevaux.

Un coin seulement de l'échiquier de ces baraques et stalles allait être à la disposition des prisonniers (7 baraques et 6 stalles); les baraques peuvent loger 100 Allemands : elles allaient loger 150 prisonniers, et les stalles de 150 chevaux allaient recevoir 500 hommes.

Ces baraques, en bois à l'intérieur, étaient entièrement recouvertes, à l'extérieur, d'une carapace de tôle ondulée, ce qui leur donnait la forme d'une coque de navire retourné la quille en l'air. Leur aspect n'était pas déplaisant. Elles étaient séparées en deux immenses salles et trois ou quatre petites chambres par des cloisons de planches. Les sous-officiers habitaient les petites pièces, par quatre ou cinq.

Les lits étaient superposés deux à deux et se composaient de trois planches fixées sur un assemblage en fer. Sur ces planches, un sac garni de paille et une couverture (ni drap, ni linge). Ces lits furent réunis par groupes de quatre (deux en bas, deux en haut) et reçurent trois hommes pour deux paillasses. Et, cependant, ceux qui ont habité ces baraques ont été des favorisés, car ils avaient des sièges (tabourets de bois, environ 80 par baraque).

Un quartier où le bombardement fut intense

La Grande Rue

Dans les stalles, une couche de paille, épaisse au début, très mince à la fin, s'étendait à la place réservée aux chevaux. Les hommes, roulés chacun dans une couverture, s'étendaient côte à côte, plutôt côte sur côte; les sièges manquaient, et ils mangeaient leur gamelle debout, devant l'auge sur laquelle ils s'appuyaient.

Ces logements, quoique primitifs, étaient encore passables; mais les baraques furent retirées une à une pour les besoins : postes, paquets, bureaux, théâtre, etc.

Cette partie du camp fut appelée « camp français », parce qu'au début elle ne reçut que des Français.

Deux autres sections furent bientôt créées pour recevoir les prisonniers russes et français par la suite, car le camp compta, pour un moment, 15.000 prisonniers environ.

On défricha une partie de la forêt, près du camp français, à 50 mètres environ, et on créa deux camps pouvant recevoir 6.000 prisonniers chacun : le camp russe et le camp mixte. On établit 20 baraques par camp, pouvant contenir chacune 300 hommes. Ces baraques, en planches recouvertes de carton bitumé, mesuraient 60 mètres de longueur et 12 mètres de largeur.

A l'intérieur, quatre sortes de plates-bandes de 2 mètres de largeur, sur toute la longueur de la baraque, sont séparées par quatre allées de 1 mètre à 1^{m}20. Ces plates-bandes, entourées de planches de sapin mises de champ, reçurent la litière sur laquelle couchent les prisonniers. Cette litière dura de septembre à mai. A ce moment, la paille réduite en poussière grasse et puante, fut remplacée par des sacs remplis de copeaux de bois. C'était plus dur, mais plus sec. Chaque ligne de couchage pouvait recevoir de 60 à 80 hommes.

§ 2. — Discipline.

La discipline fut très dure et les recommandations multiples. La discipline allemande est inflexible : il n'y a pas de petites fautes. Tout manquement à l'ordre, au règlement, est sévèrement puni.

Il est défendu de rester couché après le réveil (5 heures en été, 5 heures et demie en hiver), de se coucher ou de s'asseoir sur le grabat pendant la journée. Défense de se coucher avant 8 heures du soir; défense de fumer dans la chambrée; défense de s'approcher à un mètre des fils de fer de clôture, d'être en retard à l'appel du matin, du soir ou des corvées, défense de marcher sur les gazons herbus, de jeter une allumette, même éteinte, dans le camp, de cracher à terre, etc. Il y avait tant de défenses que nos jeunes gens — habitués à tant de liberté et si habiles dans leur « système D » — furent bien des fois pincés et leurs étourderies punies.

Les punitions furent d'abord le poteau : l'homme, lié par les pieds et les mains, et cela fortement, était attaché à un arbre une heure ou deux, selon la gravité de la faute. Ne pouvant reposer que sur la pointe des pieds, la position était bien vite intolérable.

L'exercice supplémentaire consistait en une heure de manœuvres ainsi répartie : pas gymnastique, couchezvous, debout, flexion sur les jambes, pas gymnastique; etc. La série faite de quarante à quarante-cinq fois dans l'heure. Ce qui rendait le travail surhumain, c'est que les punis étaient chargés d'un sac de sable pesant de 20 à

30 kilos. Le « couchez-vous » était complet, l'homme devant s'étendre, la poitrine et le menton touchant le sol.

J'ai vu ces exercices faits (ils avaient lieu d'ailleurs tous les jours) en hiver par une fonte de neige : les malheureux avaient tout le costume et la barbe enduits d'une couche de boue visqueuse. Les vêtements trempés de sueur, on rentrait à la baraque et, pendant plusieurs jours, il était difficile de marcher. C'était là, paraît-il, une punition très ordinaire de l'armée allemande.

La cellule, pour les fumeurs surtout, était de trois à quinze jours. On est trois dans un cabanon où un seul peut se coucher sur une planche; l'obscurité est complète; nourriture : pain et eau.

Enfin, on est averti qu'en cas de tentative de fuite, c'était « fusillé de nous », et la mise en joue si facile indiquait le plaisir qu'ils auraient eu d'en abattre quelques-uns. Quelques malheureux Russes, qui avaient répondu trop vertement ou fait des gestes de révolte, furent tués par un officier à coups de revolver.

On comprend quelle obéissance régna bientôt dans le camp.

§ 3. — Nourriture.

La nourriture est, certes, la plus abominable qu'on puisse imaginer. L'on distribue trois repas par jour; matin : café ou colle. Le café, toujours très chaud, fut longtemps du gland ou de l'orge grillée; cependant il était servi bien chaud, c'était une qualité, mais chaque deux jours il était remplacé par une bouillie de farine sans goût, que beaucoup ne pouvaient manger.

A midi, le repas était plus substantiel et varié; il comportait une gamelle d'environ un litre des mixtures suivantes : pommes de terre (non épluchées), choucroute, riz, millet, navets et betteraves au poisson de mer. Chaque légume était une pâte diluée dans un liquide graisseux comme du suif et liée par une bouillie de farine de maïs ou d'avoine. La viande ou les bouts de lard, coupés en morceaux gros comme des noisettes, nageaient dans le mélange. Les plus avantagés trouvaient trois morceaux dans la pitance; beaucoup n'en trouvaient pas.

Le soir (5 heures et demie), un potage Maggi (une louche) ; c'est tout; ou ce potage était remplacé par des pommes de terre cuites à l'eau (quatre à cinq par homme), avec un hareng cru, quelquefois séché.

Le pain, assez abondant au début, quoique noir, fut réduit en janvier. Chaque homme touchait le matin un morceau de 250 grammes pour sa journée. Mais le pain noir était très dense : le volume du morceau était celui d'un poing moyen.

Cette nourriture très liquide, et avec si peu de pain, amena bientôt la faim et la faiblesse. La cantine vendait seulement, comme nourriture, du lait artificiel, du café inoffensif mais chaud, du sucre, des beurres, margarine, fromage de Hollande, ou des marmelades et miel « kunsthonig », des poissons séchés de Norvège. Pas de chocolat. La cantine ouvrait de 7 heures à midi et de 15 heures à 17 heures. Ceux qui avaient un peu d'argent purent acheter et se faire vivre, se soutenir. Mais le pain manquait. Bientôt, en février — je croyais bien mes derniers jours venus — arrivèrent les colis en abondance, et les Français furent sauvés.

Les plus malheureux furent les Russes ; ne recevant rien, pour la plupart, de leurs familles, ils avalaient les rations que les Français ne mangeaient pas. J'ai vu bien des fois, le soir, ces malheureux puiser dans les tonneaux de résidus. Ils retiraient à pleines mains les épluchures de pommes de terre, les intestins de hareng, les graisses, et mangeaient à même, comme les chiens errants dans les poubelles de nos rues.

La boisson fut de l'eau bien claire ou la limonade. Défense à la cantine de vendre ni bière, ni vin.

§ 4. — Travail.

Quelques officiers ou gradés furent occupés dans les bureaux de poste, de fiches, etc. Des corvées assez intéressantes furent organisées pour le service des paquets venant de France. Une cinquantaine d'hommes traînaient les voitures du camp à la gare pour ramener les colis. Ceux-ci, en juin, étaient de 1.320 en moyenne par jour. Dans une grosse voiture à échelle, on en mettait de 600 à 650.

Les plus vieux étaient occupés aux travaux de propreté du camp. Balayage, plusieurs fois par jour, des rues et des chemins ; lavage des cabinets ; nettoyage des chambres. Deux hommes par baraque étaient de service pour les « privés » à tour de rôle ; chaque deux heures, ils étaient chargés de remettre le papier coupé préparé pour l'usage des water-closets.

A côté de ces corvées peu pénibles, il y avait les grandes corvées de carrières et de chemins. Chaque jour, le camp fournissait 4 à 5.000 hommes qui allaient arracher la pierre à cinq kilomètres du camp, la casser et la conduire. Ils étaient aussi bêtes de somme pour tirer chariots et wagonnets. D'autres créaient des chemins. Enfin, dès le printemps, chaque jour, des équipes d'ouvriers agricoles, par 40, par 100, par 200, quittaient le camp pour aller faire les travaux de la campagne.

Les bourreliers et cordonniers étaient occupés à l'arsenal à préparer les harnais pour l'armée allemande. D'autres restaient au camp, dans un atelier de 60 hommes, pour réparer les chaussures des prisonniers. Mais ce travail fut le plus souvent fait bien peu consciencieusement.

Ces corvées, sans être trop pénibles, étaient surtout ennuyeuses par la durée des rassemblements. Chaque groupe était toujours réuni plus d'une demi-heure avant le départ et était compté, recompté, à la baraque, au rassemblement, à la sortie. Or, pendant les froides et humides journées d'hiver, les malheureux partaient avec l'onglée et les pieds morts de froid. Au retour, après une longue marche, parfois dix à douze kilomètres, on faisait encore arrêter le troupeau qui, de nouveau recompté, se refroidissait avant de rentrer dans son domicile.

Tous les hommes n'étaient donc pas de service : ils avaient environ un jour de repos par semaine, en plus du dimanche.

§ 5. — Propreté.

Tout semblait indiquer que la propreté règnerait toujours dans le camp. L'eau y coulait à profusion; devant chaque baraque, une prise d'eau donnait à forte pression l'eau qui ne fut jamais mesurée. Une auge en bois garnie de zinc, large, longue et profonde, permettait d'y laver le linge.

Les planchers des baraques étaient lavés assez souvent et balayés plusieurs fois par jour. Aucun détritus, papiers, cendres, allumettes, ne devaient être jetés sur le sol. Des crachoirs sont dans chaque chambrée. Les privés et pissoirs sont en quantité suffisante et à chasses-d'eau abondantes et fréquentes ; ils sont visités chaque jour et reçoivent du chlorure de chaux en quantité efficace.

Un système d'égouts bien compris reçoit tout et emmène les évacuations assez loin du camp.

Des caisses en ciment armé de 5 mètres sur 4 et 1 mètre de hauteur, fermées hermétiquement en avant par une glissière en tôle, et dessus par un couvercle de fer, reçoivent tous les détritus qui sont soigneusement ramassés sous la surveillance vigilante des gardiens.

En septembre, octobre et novembre, chaque trois semaines environ, les Français passaient aux douches, très bien installées dans un bâtiment spécial.

Les Russes, au nombre de 9.000, étaient dans un camp spécial séparé ; il nous était interdit de leur parler. Ils avaient vécu plus de deux mois sous des tentes, en attendant que les baraques en bois fussent prêtes, lorsque, le 15 décembre, l'ordre vint de mélanger Russes et Français : un Français devait être placé dans les lits entre deux Russes. Quels étaient les mobiles de ce mélange ? Nous avons supposé qu'on avait voulu amener une division entre les deux alliés.

Ce fut, certes, un supplice. Ces malheureux arrivèrent dans notre camp couverts de vermine. Les poux se

voyaient sur la peau, sur les vêtements. Dès la première
nuit, nous fûmes infectés et infestés. Pendant deux mois,
ce fut atroce : janvier et février. Les piqûres causaient
des insomnies fiévreuses. On obligeait nos malheureux
alliés à faire le nettoyage; la quantité diminuait, mais
l'ennemi ne disparaissait pas. Je changeais de linge plusieurs fois par semaine; j'étais tranquille un jour ou
deux, puis le tourment recommençait.

Je me rappelle toujours que, bien des nuits de janvier et
février, la neige épaisse couvrant le sol, je me relevais et
j'allais dans les privés des « Unter Offizieren » et, sous
une ampoule électrique, je me mettais nu pour nettoyer
chemises et flanelles; transi, je rentrais sur mon grabat,
et, grelottant, je m'endormais. Ces exercices affaiblirent
bientôt ma santé; je maigrissais à vue d'œil, et, en février,
je pensais, j'espérais presque être délivré à jamais de ce
supplice.

En avril, on entreprit enfin de nous désinfecter. Il était
temps. On nous fit changer de baraque en passant par une
double douche au savon gras; on désinfecta énergiquement
les bâtiments et les locaux à l'acide sulfureux. Ce fut
radical. Le médecin allemand visita ensuite presque jour-
nellement les doublures et coutures de pantalon des hommes qui défilaient nus devant lui. Ceux qui portaient des
œufs de poux ou des piqûres étaient sévèrement punis
d'exercice supplémentaire. L'ennemi était battu. Après
cette opération, l'état sanitaire redevint bon et la propreté
complète.

Un morceau de savon est remis à chaque homme chaque
quinze jours; des brosses sont réparties pour les chaussures et vêtements; un cirage très gras est mis à la dispo-

Tombe d'un soldat français

sition des hommes. Des chemises et caleçons furent distribués, peut-être en quantité mesurée, mais cependant presque satisfaisante. Les vêtements furent moins bien entretenus et il fallait toute l'ingéniosité du soldat français pour cacher les déchirures des pantalons, qui étaient dans un état pitoyable.

Cependant, en mai, on organisa un atelier de tailleurs, et, dans des vêtements de nos morts, on coupa des pièces, et petit à petit le bariolage du costume disparut.

§ 6. — La Mortalité.

La mortalité fut cependant minime. Dans le mois de septembre, les blessés, atteints du tétanos pendant le voyage, succombèrent. Les faibles de poitrine moururent bientôt aussi, mais ces accidents inévitables passés, l'état sanitaire fut bon. Sur les 15.000 hommes présents en hiver — 9.000 Russes, 6.000 Français — il y eut peu de malades.

Les baraques étaient bien chauffées, et il faut reconnaître que le charbon ne fut pas ménagé. Dès le premier mois, il y eut, je crois, 55 décès de Français; au 1ᵉʳ juillet 1915 (dix mois après), il y en avait 75, donc 20 décès; c'est peu, relativement au nombre et à l'âge des territoriaux.

Le médecin allemand venait chaque matin à la consultation, et si les remèdes n'étaient pas nombreux, l'attention apportée aux soins était réelle. Des médecins français l'assistaient, mais n'avaient pas le droit d'accorder des dispenses de travail. Disons, pour la justice, que le docteur allemand était consciencieux.

§ 7. — État d'esprit.

Comment peut-on supporter cette captivité des mois, peut-être des années ? Quel état d'esprit a le prisonnier français?

La foule est là, parquée; une clôture de fils de fer barbelés de 20 en 20 centimètres sur quinze rangs, entoure le carré de 250 mètres de côté. Les sentinelles, une par cent hommes environ, surveillent les baraques. Sur le chemin de ronde, chaque cinquante mètres, d'autres sentinelles font les cent pas, nuit et jour, fusil chargé, baïonnette au canon.

Les dépêches allemandes sont affichées à l'entrée du camp; naturellement, elles sont un peu truquées, mais les neuf dixièmes des hommes n'y croient pas. Une certaine société a pu se procurer cependant les journaux allemands très régulièrement. Nous savons lire entre les lignes et, les journaux reproduisant les rapports français et russes, nous faisons les rapprochements; nous nous représentons la situation exacte, et quand je suis rentré en France, j'ai trouvé la ligne de combat telle que nous la comprenions là-bas.

Cependant, nous ignorâmes les batailles de Nancy et de la Marne. Pendant dix jours de septembre, aucune dépêche ne fut affichée, et il nous fut impossible d'avoir le journal. Jours heureux que ceux où nous ne voyions pas de dépêche affichée. Nous disions : « C'est bon pour nous ! »

L'hiver passa sans beaucoup d'émotions, mais avec un ennui mortel. Pas un soir on ne se quitta sans supputer les chances de longueur de l'internement.

Nous vîmes tomber les feuilles ! Les verrons-nous renaître ? demandions-nous; ce n'est pas possible, l'argent fera défaut ! La neige, la glace vinrent. Il n'y eut que trois quartiers de dix jours environ très froids. Le mois de mars fut le plus rigoureux. Voilà le printemps; allons-nous apprendre du nouveau, de grandes batailles ?

A une heure, lorsque, en cachette, on nous remettait le journal, nous avions chaque jour de nouvelles désillusions. Nous pûmes même parfois nous faire rapporter un journal de Paris par des civils allant à Dresde. Nous payions cher, mais nous avions du papier venant de France. Hélas ! c'était aussi creux, sinon plus, que la feuille allemande.

Et les jours succédaient aux jours; les semaines, les mois passaient.

Nous fûmes, au début, deux mois sans pouvoir correspondre avec nos familles. Mais, à partir de fin octobre, nous pûmes recevoir des nouvelles. Quelles joies, quelle angoisse chaque jour au courrier ! Beaucoup eurent des nouvelles de suite, mais combien de territoriaux de la Meuse, des Ardennes, ne purent obtenir des nouvelles des leurs qu'en avril, plusieurs en mai !

Les familles étaient chassées par le torrent d'invasion, les maisons détruites. D'autres apprirent que leurs femmes étaient prisonnières en Allemagne et ignoraient ce qu'é-taient devenus leurs enfants. Nous cachâmes à deux malheureux la mort atroce de leurs femmes. Par des relations de connaissances, nous avions appris ces détails; nous pûmes les laisser dans le doute qu'ils auront certainement jusqu'au bout de leur captivité. Il faudrait un livre pour énumérer les atroces situations de tous ces gens parqués en bétail humain.

Il y avait là tous les degrés de l'échelle sociale, du terrassier à l'ingénieur en chef de l'usine, du manœuvre paysan au notaire, en passant par les huissiers, du garçon de bureau au banquier, des métallurgistes, des négociants de toutes les parties, des hommes de peine, des restaurateurs, en un mot tous les acteurs de l'activité humaine.

Certes, il y a des jours à « cafard » : les nouvelles les plus extravagantes se répandent. C'est aujourd'hui une mauvaise nouvelle : Verdun est menacé, ou nous avons perdu une bataille dans le Nord, etc. On est triste, et la note se répand sur tous les visages. Quelques jours après, tout est changé; c'est un mot heureux qui se communique et se répand en s'amplifiant. Des discussions infinies s'engagent. On calcule, on discute la paix, les conditions. C'est effrayant, ce qu'on va demander aux Barbares !

Mais, dans tout cela, je n'ai pas entendu une plainte. Lorsque la tristesse est trop grande, on prend bien garde de la faire partager. Voyez celui-ci qui s'isole derrière une baraque : il se promène seul; il vit un moment avec les siens, il retourne une lettre, il jette un regard furtif sur une photographie qu'il tire de sa capote. Il essuie rapidement une larme. Et tout à l'heure, dans la chambrée, il blaguera avec les autres.

Ces correspondances reçues sont presque toutes des chefs-d'œuvre de tendresse; déguisant les malheurs, elles encouragent l'absent, elles le rassurent.

Des photographies arrivèrent vers mai et juin. Elles attendrirent beaucoup de pères de famille : ils trouvaient leurs enfants grandis; quelques-unes représentaient la cérémonie de première communion faite en l'absence du père.

Et malgré tout, pas de plaintes, toujours aux écoutes avec angoisse sur les nouvelles fixant le sort de la Patrie absente. Beaucoup conservent le brio et l'entrain. Les uns, dans les chambrées, exécutent des travaux de patience avec des outils forgés dans une pointe aplatie. Beaucoup se sont fabriqué des canifs dans des cartouches allemandes. Avec des canifs, des couteaux achetés à la ville voisine par des ouvriers du camp et rapportés avec de gros bénéfices, on sculpte des pipes, des boîtes pour la femme, des plumiers pour la jeune fille; on fabrique des jeux de dominos, d'échecs, de dames. Pas une seule chambrée qui n'ait ses jeux.

Pour moi, je m'occupais selon mes goûts. J'avais découvert un jeune soldat de la classe 1912 qui ne savait pas lire. Il m'avait raconté comment il s'était conduit en brave; je lui offris de lui apprendre à lire. Il accepta. Il vint me trouver dans ma baraque à ses heures de liberté, et le cours commença. D'une intelligence très fermée, cet enfant exerça ma patience et fit passer mon temps; mais enfin il apprit à lire et à écrire. Ce fut sa grande joie quand il put lire seul une lettre de sa mère.

Il m'amena d'autres camarades; je ne pouvais les recevoir dans le coin de baraque dont je disposais. En mars, j'obtins de l'officier de camp de faire un cours d'illettrés. J'étais assez embarrassé pour demander cette autorisation; je craignais une boutade qui me ferait sûrement de la peine; je la reçus d'ailleurs sans broncher, elle était méritée. Elle se résumait en ceci : « Les Allemands savent tous lire et écrire leur langue, les Français ne savent pas et nous savons le grand nombre de conscrits français qui, chaque année, arrivent illettrés au régiment. » J'encaissai la mercuriale, et j'obtins une salle où, de midi et demi à 2 heures et demie, je réunissais quinze élèves.

Je fis des caractères mobiles sur des bouts de carton d'emballage; une table mise de champ sur une autre table fut notre tableau noir.

Mes élèves étaient des quatre coins de la France. J'avais des jeunes gens de l'active et deux territoriaux de 40 à 45 ans. Au 1er juillet, nous avions vu presque tout le syllabaire et mes quinze élèves copiaient correctement. J'avais naturellement fait suivre de pair la lecture et l'écriture. Je dessinais la France (quand la sentinelle sortait), et j'apprenais mes grands enfants à connaître un peu le pays pour lequel ils avaient risqué leur vie. Je laissais libre cours à leurs questions naïves et j'étais surpris du bon sens qu'on peut rencontrer chez des illettrés.

En quittant le camp, j'ai obtenu que le service de cette classe fut remis à mon ami et collègue M.... Ce sera son seul travail. Il est passé des fonctions de cantonnier à celles d'instituteur.

Ce sera, certes, un bonheur pour ces quinze prisonniers de rentrer en France un peu plus riches d'intelligence et de cœur qu'ils n'en sont partis.

Dans une chambrée, j'ai vu fonctionner une petite fonderie. On chipait l'aluminium à l'arsenal, et les quarts et bidons russes furent fondus dans le fourneau de la chambrée. On fit des tabatières, des verres à pied, des bagues. A côté, un luthier fabriquait des mandolines avec des boîtes à fromages. On s'enhardit; on fit des violons avec des boîtes à cigares et une contrebasse avec une caisse à margarine. Un beau matin d'hiver, douze violons, plusieurs mandolines, une flûte sauvée de la débâcle de

Morhange, une clarinette, la contrebasse, le triangle formèrent un orchestre merveilleux.. Un professeur du Conservatoire écrivit des morceaux; les répétitions eurent lieu
chaque soir.

. L'histoire vint aux oreilles de la « Kommandantur ». Ce
fut, paraît-il, de la stupéfaction ! Le commandant voulut
avoir une audition : on la lui présenta, il en fut ravi. Et il
mit à la disposition des artistes une grande salle, la plus
grande des baraques, où l'on installa un théâtre qui prit
le nom de « la Mansarde ». Les amis se groupèrent et
bientôt une affiche artistique annonça des représentations
« gratuites » où tout le camp défila à tour de rôle. Je n'ai
jamais eu l'humeur d'assister à ces représentations; mais,
au dire des connaisseurs, elles étaient très bien. Les
applaudissements qu'on entendait de loin annonçaient le
plaisir qu'y prenaient les prisonniers. Les quêtes furent
productives, et le matériel du théâtre se monta bientôt.

Un autre dérivatif pour beaucoup furent les offices religieux. Dès le début, l'office du dimanche fut permis. Un
prêtre prisonnier fut autorisé à dire la messe; la « Kommandantur » lui procura les objets sacerdotaux nécessaires. Chaque dimanche, sous les pins, lorsque le temps le
permettait, dans une baraque ou « stall » s'il faisait mauvais, la messe était dite le matin, vers 9 heures. Pendant
dix mois, la messe fut dite à voix basse : on n'entendait
que le tintement grêle de la petite sonnette indiquant les
parties de la cérémonie. Le prêtre, sur un petit autel de
planches de sapin, avec d'autres prêtres comme servants
ou des séminaristes, officiait avec une gravité solennelle
imposante. Des milliers de têtes nues s'inclinaient autour .

du clos des pins. Les nombreux oiseaux du bois accompagnaient seuls le recueillement de la foule.

Dans une autre partie du camp, le pope russe officiait aussi, et l'après-midi un pasteur réunissait les protestants. C'était un contraste frappant. Les Russes ne peuvent célébrer leurs offices sans chanter bien haut leurs longues prières; le chant leur ayant été permis, la messe catholique fut aussi chantée, et bientôt nous entendîmes, chaque dimanche, mille voix graves entonnant les *Kirie*, les *Gloria* et les *Credo* que, dans notre enfance, nous avions aussi chantés à plein gosier dans la petite église du village natal. Tout cela vous empoignait et vous reportait là-bas, bien loin, vers un passé de bonheur, vers des êtres chéris qu'on n'a pas assez caressés.

Chaque soir à la même heure, sept heures en hiver, huit en été, un chant lent et solennel s'élevait de chaque baraque ou stalle. Les Russes, debout, courbés, multipliant de nombreux signes de croix, tournés vers l'Orient, disaient leurs lamentations devant leurs icones.

Et c'est ainsi qu'arriva la Toussaint : rien de nouveau. Noël ! Ah ! cette fête célébrée avec tant de fracas, de joie, par nos geôliers ! Comme notre estomac creux augmentait notre angoisse ! C'était bien Noël dans son décor neigeux; tous nos pins pliaient sous le faix. Nos grilles de fer étaient changées en mur d'une blancheur éblouissante. Les couchers et les levers de soleil, dans cette campagne à l'air si pur et si net, étaient splendides. Les colorations les plus vives allaient du bleu le plus profond au rouge le plus éclatant, en passant par des violets et des orangés éblouissants. Ces moments, que je tâchais de ne pas manquer, étaient mes meilleurs plaisirs.

Entrée d'une casemate

Nouvel-An ! j'étais déjà souffrant. A sept heures, je vis venir à ma baraque mes amis; j'avais le privilège de l'âge : ils m'avaient devancé. Et que se dit-on ? je ne le sais. On s'embrassa, on pleura; on n'eut qu'un mot : « Courage ! Ne nous laissons pas aller. »

Pâques ! Les bourgeons gonflaient aux vignes vierges de nos cloisons. Le soleil réchauffait par moment nos cent pas faits chaque matin comme les animaux des ménageries qui tournent autour de leur cage, derrière les barreaux. Les cloches sonnaient joyeusement au loin dans les églises des villages saxons. Elles ne chantaient plus dans les tours brûlées de nos campagnes lorraines. Nous le savions, nous nous le disions tristement. Et toujours rien, pas d'espérance ne naissait en nous ! Ne reverrons-nous donc pas notre Patrie ? Les fêtes d'été se succédaient ainsi, lamentables.

CHAPITRE V

La Délivrance

§ 1. — Vers la liberté.

Cependant, les infirmiers et brancardiers avaient eu à plusieurs reprises des espoirs à chaque fois déçus. On devait, disait-on, faire des échanges de Croix-Rouge. En septembre, puis en novembre, puis en janvier des listes furent faites, de nombreux appels, des vérifications de brassards eurent lieu. On devait partir, mais les journées passaient et chaque fois la désillusion cruelle venait. En avril, on crut la chose faite; on devait prendre seulement quarante hommes, j'étais des quarante. Tout était prêt, le jour du départ fixé : le 28. Le 28 passa, le 30... et rien.

Enfin, brusquement, au 7 juillet, l'affaire fut sérieuse : des ordres furent donnés; le 12, on nous réunit à 100 pour nous séparer des camarades et nous isoler avant notre départ, qui eut lieu en deux échelons, le 15 et le 16.

Dirai-je la douleur de la séparation ? J'allais quitter de bons amis faits dans le malheur, ceux avec qui on a pensé, souffert, pendant onze mois ! J'allais là-bas, en France, c'est vrai, mais je ne verrais pas les miens, restés en pays occupé.

On entassa ses loques dans des sacs faits de toile d'emballage; on s'embrassa, émus plus qu'on ne peut le dire. Ils rentrèrent, les chers amis, se cacher dans la baraque pendant que le troupeau défilait et passait la porte grillagée.

C'était le 15 juillet : il était quatre heures du matin; nos ballots furent installés sur le chemin et les geôliers fouillèrent dans nos paquets, dans nos porte-monnaie. Ils saisirent quelques carnets de notes; ils cherchaient de l'or qu'ils ne trouvèrent pas. Nous cheminâmes dans la forêt encore endormie. Nous montâmes en gare, à 6 heures et demie, dans des wagons de 4ᵉ classe. Nous pouvions nous asseoir. Nos gardiens étaient corrects. Nous allions être dans les mêmes voitures jusqu'à Constance, où nous arrivions le 17 à midi, après deux nuits passées dans les wagons.

Nous restâmes deux jours et deux nuits à Constance, dans une école de garçons. Nos gardiens n'avaient plus d'armes; notre nourriture, comme pendant le voyage d'ailleurs, était bonne. Le 19 au soir, on nous conduisit à la gare; nous étions un groupe de 700 qui défila dans Constance au milieu du calme complet de la population. Nous montâmes dans un train suisse, dans des wagons fort confortables que nous ne devions quitter qu'à Lyon. Là, les officiers allemands nous remirent à des officiers suisses; j'assistai à l'entretien qui se passa sur le quai. Les officiers suisses montèrent et le train siffla.

§ 2. — Réceptions enthousiastes en Suisse.

Fini donc le cauchemar ! Plus de baïonnettes à la portière, ni dans la chambrée !

Nous quittions Constance par un splendide soir d'été. Le soleil descendait lentement derrière les hauteurs qui encadrent le bras du lac que nous contournions. L'eau était changée en une immense nappe de feu. Les montagnes étaient bleues comme les arbres au loin. J'étais dans l'émerveillement, quand d'immenses acclamations me tirent de ma rêverie. Nous passons sous un pont d'où pend un immense drapeau aux couleurs françaises. Des cris : « Vive la France ! » retentissent de toutes parts, le long des clôtures, des villas garnies de groupes de familles qui agitent leurs mouchoirs ; des jeunes filles nous envoient des baisers. Nous sommes en Suisse ! Un immense cri part des wagons : « Vive la Suisse ! », et la *Marseillaise* jaillit de toutes les poitrines.

Et, dans le crépuscule qui descend, ce n'est qu'acclamations, que marques de sympathie de toutes sortes qui vont s'accentuer pendant cette nuit mémorable du 19 au 20 juillet.

Dans les gares d'arrêt, l'accès des quais est défendu par des barrages provisoires en cordes et barrières gardées par de nombreux agents ; mais notre train est à peine arrêté que les barrières sont rompues et des milliers de personnes envahissent les quais ; des hommes, des femmes, des demoiselles, des enfants arrivent les mains pleines de souvenirs et de douceurs, des gâteaux, des fraises, des fruits, des cigares, cigarettes, souvenirs de toutes sortes. Je regarde et je ne prends pas. A Olten, une gentille jeune fille s'avance et, gracieusement, m'offre un coussin de voyage. Je l'accepte de bon cœur. Pourquoi donc suis-je si bête et n'ai-je pu que laisser tomber une larme sur sa main que j'ai embrassée ? J'étais muet; la gorge serrée, je n'ai même pu dire merci.

Ce gentil coussin, sur lequel est brodée la croix de Genève, m'apportait la première caresse féminine; elle me fut bien douce. C'était la première fois que j'appuyais ma tête, depuis onze mois, sur un oreiller de plumes; j'en jouis en enfant pendant le reste du voyage. Le coussin de voyage suspendu dans un coin du wagon me permettait de me reposer très confortablement. Cela m'était délicieux, et il me semblait que mes chères nièces, si affectueuses, avaient pour moi ménagé cette chose agréable, ce premier confort depuis si longtemps inconnu.

Mais l'assoupissement ne dura pas longtemps : des cris nous réveillent, venant des quais, sur lesquels scintillent mille lumières qui se reflètent encore dans les eaux d'un lac, et où sont des masses de personnes qui crient : « Vive la France ! » Lentement, nous entrons en gare de Zurich.

Le train s'arrête presque solennellement. La foule se tient à deux mètres du wagon. On nous prie de descendre pour prendre le repas du soir. Nous nous mettons par quatre. On nous prend les mains qu'on nous serre cordialement comme à de vieilles connaissances. Nous entrons dans une immense salle de banquet décorée de drapeaux suisses et français : des fleurs partout, les tables en sont couvertes; un bouquet est près de chaque couvert. Un pain blanc (!!!), près de chaque assiette, porte un petit drapeau suisse. Un paquet de cigares, un de cigarettes. Le potage réconfortant est dans chaque assiette. Nous n'avons qu'à nous asseoir. Des dames, des demoiselles, des hommes, des jeunes gens sont près de nous pour s'enquérir de nos besoins. Je veux manger, je ne puis; j'assiste muet et confus à cette grandiose réception.

Une dame aux traits nobles, aux cheveux gris, me croit sans doute malade. Je puis à peine lui exprimer la joie et le bonheur que j'éprouve de rencontrer un peuple si sympathique à la France. Je lui demande un service. Pourrait-elle me servir d'intermédiaire; pourrait-elle transmettre à ma famille des nouvelles que j'essayerais de faire passer par la Suisse. Elle s'offre bien gracieusement et écrit sur mon carnet : « Elisabeth de Meyenbeirg, I. Riggi Platz ». Ses actes furent aussi nobles que son nom; son amabilité fut aussi touchante que son dévouement.

Le repas à peine terminé, nous nous levâmes tous et, solennellement, nous entonnâmes d'une seule voix la *Marseillaise* qui ne fut jamais mieux chantée, ni aussi gravement écoutée. Mille personnes de la grande société de Zurich nous entouraient. Puis un immense cri : « Merci à la Suisse ! » Un triple ban fut battu. Les larmes aux yeux, on se quitta, et nous regagnâmes chacun notre compartiment, accompagnés par les personnes qui avaient été nos hôtes d'une heure. Les cartes s'échangent; on nous demande un mot, une signature sur des carnets; on n'épargne pas les merci verbaux et écrits.

Le train s'ébranle, le « *Chant du Départ* » retentit; des vivats nous accompagnent longtemps encore. Nous passons à Berne vers une heure du matin. Même foule qui envahit nos wagons, nous apporte des rafraîchissements, des fleurs, des souvenirs. Puis Fribourg; ici, c'est plus que de la joie : c'est du délire. Des vieux sont là, ils nous crient : « Courage !... Allez dire aux Français que notre cœur est avec eux. »

Le matin vient, l'Orient blanchit. Nous sommes à Lausanne. Les quais sont recouverts d'une foule toujours plus enthousiasmée. Nos wagons sont déjà remplis de douceurs, de fleurs, de cartes, de drapeaux. Les enfants nous lancent des roses. Des villas s'entr'ouvrent, et des balcons, dans des costumes de nuit, des ménages heureux nous lancent des fleurs et des baisers.

Le jour point; le Léman nous apparaît magnifiquement calme; nous allons le suivre dans toute sa longueur jusqu'à Genève. Le Mont-Blanc va nous offrir, durant cette heure sublime, tous ses aspects aux différentes teintes d'une magnifique aurore. Il sera noir sous un ciel d'un bleu profond; il deviendra violet, et quand tous les autres monts seront encore nimbés d'une buée azurée, il deviendra rose pour, tout à l'heure, à la première flèche de l'astre, passer à la blancheur éclatante. Sa tête est inondée de lumière quand le lac est encore endormi sous les voiles de la nuit.

Mais nous entrons à Genève. Ici les scènes vont être encore plus touchantes. Des dames aux cheveux gris, des demoiselles belles comme des déesses, toutes vêtues de blanc avec la croix de Genève comme unique ornement, sont groupées devant chaque voiture. Elles nous offrent un délicieux café au lait et des brioches. Elles nous offrent des fleurs; elles nous demandent s'il n'y a pas d'hommes malades. Pendant vingt minutes, échange de sympathies,

de bonnes paroles consolantes. — « Courage ! disaient-
elles, dans un quart d'heure, vous êtes en France. »

Et le train part. Une dernière fois je regarde encore ce
spectacle grandiose. Là-haut, le soleil éblouissant inonde
de lumière le coin terrestre le plus beau du globe, pendant
que, dans la gare, nous laissons une foule dont les mouchoirs blancs nous envoient les adieux de la Suisse hospi-
talière. Les quais, les rues, les talus devant lesquels nous
passons sont inondés de la foule dont les mouchoirs s'agitent, s'agitent toujours, et les cris de : « Vive la France ! »
se perdent dans le lointain.

§ 3. — C'est la France !...

Anéantis par une nuit blanche, par l'émotion intense
qui vient de nous saisir, nous sommes abattus, quand tout
à coup un cri : « LA FRANCE ! ! !... » Oui, voilà le poteau
frontière ! Nous sommes en France. Un immense cri jaillit
de nos poitrines : ce « Vive la France ! » que nous venons
d'entendre toute une nuit, nous le crions de toutes nos
forces. On embrasse son voisin. Ah ! ça y est ! est-ce vrai,
cette fois ? Oui, vive la France !... la France !... la
France !... Qu'y a-t-il dans ce mot qui nous inonde de
joie ? Nos yeux versent des larmes que nous ne cherchons
pas à arrêter ; elles viennent, ces larmes salées, rafraîchir
le gosier qui se serre.

Oui, elle vivra, la France, puisque ses enfants l'aiment
tant, elle vivra puisqu'elle a des peuples qui l'aiment
aussi et l'admirent. Mais une angoisse nous étreint. Comment allons-nous la trouver, puisqu'elle est mutilée ? Com-

ment sont nos soldats ? Sont-ils encore vaillants ? Y en a-t-il encore beaucoup ?

Nos yeux scrutent la campagne. Nous cherchons dans chaque sillon un signe de la vitalité de la Patrie. Nous cherchons des visages français. Allons-nous lire sur ces visages le désespoir ou l'espérance !

Mais le train ralentit ! Nos figures anxieuses se mettent à la portière ! Voici Bellegarde, là-bas; la gare est ornée de drapeaux : nous approchons. Une foule recueillie est sur le quai. Mais quoi ! Voici une troupe en armes. Un bataillon de chasseurs alpins nous présente les armes; les clairons sonnent « au drapeau », la fanfare éclate. Ah ! quel moment solennel, grave, sublime ! Nous, les loqueteux, les honteux prisonniers, on nous rend les honneurs ! Voilà l'armée française !

Jamais de ma vie je n'ai ressenti aussi poignante émotion. Le sang se fige dans les veines. Le drapeau du régiment flotte au-dessus des baïonnettes étincelantes; des généraux, des officiers rigides derrière et à côté des soldats, ont sabre au clair. Oh ! j'ai compris pourquoi et quand l'homme doit plier le genou. Le train est arrêté : l'heure est d'une majesté surhumaine.

Les trois couleurs, à la brise du matin, semblent faire le signe qui nous recueille sous ses plis. On a chanté les trois couleurs, mais on n'a pu dire ce qu'elles contiennent pour le cœur de l'exilé. Un torrent brûlant coule dans les veines et nous fait frémir de tout notre être; nous courbons le front, et nous ne pouvons arrêter nos larmes.

On nous prie de descendre; des tables sont couvertes de bouteilles de vin de champagne; un sous-préfet en habit de cérémonie, grave, comme l'argent sur le noir, nous dit un mot au nom de la Patrie. Nous y répondons par une *Marseillaise* qu'accompagne la fanfare des chasseurs. Les jeunes filles de Bellegarde nous offrent des fleurs, des images, une jolie carte « Hommage de la Ville », et nous remontons dans notre train qui nous emporte vers Lyon, où nous allons arriver à midi.

Là, une grandiose réception nous était réservée; mais elle fut gâtée par un trop long discours.

Les grandes émotions sont muettes; les longues paroles ne sont pas le fait de grands sentiments.

. . . .

Et j'étais dans ma Patrie, j'allais la voir dans toute son étendue, car je dus me rendre à Nantes, de là à Paris, de Paris à Nancy. Il m'importait beaucoup de voir si cette France était encore vivante et animée. Je fus heureux de rencontrer partout activité et confiance, quoique un peu déçu de voir que cette confiance trop dormante ne soit pas contenue par ce recueillement vigilant qui devrait, tant que le sol national est foulé par l'envahisseur, tendre toutes les âmes françaises vers une utilité patriotique, en oubliant tout bien-être superflu, en abdiquant tout égoïsme coupable.

Mon rôle de simple unité de la défense nationale n'est certainement pas terminé; je serai probablement encore appelé à reprendre ma place moléculaire dans la masse. En attendant, je jouis un instant de cette chère liberté. Seul et sans famille, je pense bien des fois à mes frères d'exil; je voudrais leur écrire des choses vraies, des faits de délivrance. Je ne le puis.

Je sais cependant qu'ils sont courageux et je ne veux, pour terminer ces impressions, que raconter un acte de courage français qui a émerveillé nos geôliers.

C'était fin juin, là-bas; au rapport paraît l'ordre suivant : « Les Français auront le droit d'écrire demain une carte supplémentaire. Sur cette carte, ils informeront leurs familles que, si la France ne retire pas les prisonniers allemands du Maroc ou des colonies d'Afrique, l'Allemagne enverra 1.000 Français du camp, choisis parmi les prisonniers de professions libérales, ou aisés, défricher et assainir les lacs de Mazurie. Les cartes seront ramassées demain à midi. Ceux qui écriront ne feront pas partie du convoi. »

La consultation réciproque ne fut pas longue; le résultat fut : personne n'écrira. Le lendemain, stupéfaction des officiers : pas une carte ne fut relevée. L'adjudant français, chef du camp pour les corvées, fut chargé de répondre que « nous, soldats, nous n'avions pas d'ordre à donner à notre Gouvernement, ni de commission à lui faire; nous n'étions que des soldats ». Quelques jours après, je fus désigné pour faire partie du convoi de punition, mais bientôt parut au rapport que les membres de la Croix-Rouge seraient retirés de la liste.

Celle-ci fut formée dans l'ordre suivant : professeurs, instituteurs, notaires, huissiers, négociants, employés de bureaux. Ils sont partis, les malheureux, le 13 juillet, l'avant-veille de notre retour en France. Ils sont partis, le sourire aux lèvres, dédaigneux et bravant les tortionnaires.

C'est à eux que je pense en terminant ces lignes. Ils souffrent « pour la France », mais ils souffrent fièrement, dignement.

TABLE DES MATIÈRES

IMPRIMERIE LORRAINE
RIGOT & Cie
51-53, Rue St-Georges, Nancy.

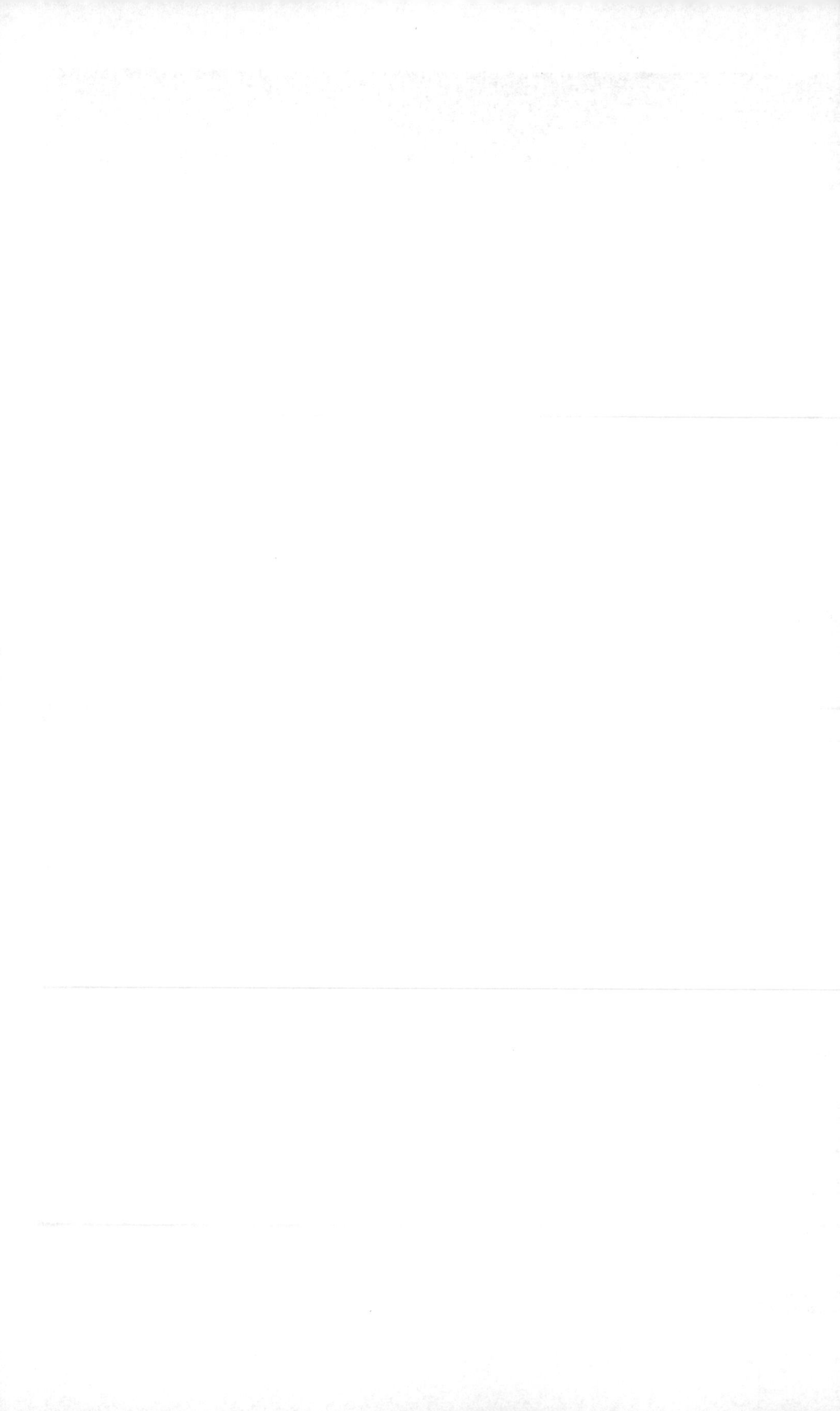